RETAZOS
© Asunción Moreno Fuentes
Diseño de portada: Dpto. de Diseño Gráfico Exlibric

Iª edición

© ExLibric, 2026.

Editado por: ExLibric
c/ Cueva de Viera, 2, Local 3
Centro Negocios CADI
29200 Antequera (Málaga)
Teléfono: 952 70 60 04
Fax: 952 84 55 03
Correo electrónico: exlibric@exlibric.com
Internet: www.exlibric.com

ISBN: 979-13-88255-14-4
Depósito Legal: MA 415-2026

Impresión: PODiPrint
Impreso en Andalucía – España

Nota de la editorial: ExLibric pertenece a Innovación y Cualificación S. L.

ASUNCIÓN MORENO FUENTES

RETAZOS

ExLibric

ANTEQUERA 2026

Índice

Presentación

Es este un conjunto de poesías que, por su sencillez y estilo libre, yo calificaría de naíf. Son vivencias, o retazos, como su nombre indica, de una vida, narrados con naturalidad.

La autora

Prólogo

«En el fondo, un poema no es algo que se ve, sino la luz que nos permite ver. Y lo que vemos es la vida». Esta frase de Robert Penn Warren describe perfectamente los poemas de este libro: la vida de Asunción vista a través de sus propios ojos. Pero también son un retrato íntimo de cómo era y de cómo veía la vida.

Asunción nació en Mengíbar, un pueblo de Jaén, en 1931. Siendo hija única, su infancia estuvo marcada por la pronta muerte de su padre tras la guerra civil, por un luto de varios años y por la estancia en un internado que ella siempre odió. Eran otros tiempos: la educación de una «señorita» se reducía a aprender a leer, escribir —con caligrafía inglesa—, coser, cocinar, tocar el piano y tener buenos modales para, posteriormente, convertirse en una buena esposa.

Se casó joven y muy enamorada con el que sería el hombre de su vida, Fermín, y se trasladaron a Málaga en 1962. Allí fundó una familia de la que se sentía plenamente orgullosa y a la que se dedicó en cuerpo y alma, con pasión y, sobre todo, con infinito amor.

De naturaleza fuerte, rebelde e independiente, Asunción era también una mujer muy lista y perspicaz. Siempre tuvo una vena artística que brotaba en todo lo que hacía:

pintar, coser, escribir, tocar el piano, incluso en la forma de cocinar. Sin formación académica en estas artes, su espíritu creativo era tan vivo y natural que no necesitaba ayuda para expresarlo.

Al atardecer de su vida, cuando de nuevo tuvo tiempo para ella y sus tardes fueron más largas, escribía de vez en cuando algunos poemas. En ellos trataba de plasmar sus vivencias, pensamientos e inquietudes más personales. Escribía sobre todo para ella, queriendo capturar lo que sentía y pensaba, lo que tenía dentro. Como los niños que atrapan mariposas en tarros de cristal, ella usó la poesía para apresar algo tan efímero como sus propios sentimientos y, así, retenerlos.

De forma no planeada, sin orden ni prisa, a lo largo de sus últimos años fue acumulando poemas que recogía en hojas sueltas y a los que nunca les prestamos demasiada atención. Y ha sido ahora, casi diez años desde que se fue, cuando, de repente, nos surgió la idea —finalmente, casi la necesidad— de recopilar esos versos. También porque a ella la conocía y quería mucha gente, y pensamos que con este retrato suyo muchos podrían recordarla tal como era. Hemos respetado cada poema tal como ella lo escribió, sin cambiar ni corregir nada. Queríamos preservar su voz, su espíritu y su forma única de expresarse.

Para nosotros ha sido una experiencia única y muy conmovedora. Todas las personas tenemos muchas facetas, pero de nuestros progenitores normalmente solo vemos la de padres. Sin embargo, a través de estos poemas hemos descubierto a la Asunción mujer, esposa, hija, madre, artista; con sus miedos, alegrías, dudas, sueños e ilusiones. Y, con ellos, hemos llorado, reído y revivido muchísimos momentos entrañables de esa vida tan feliz que nos regaló. Es nuestro pequeño tributo a una gran persona, que tanto nos enseñó y a la que tanto debemos. Esta obra es un retrato de nuestra madre a través de sus propias palabras. Su voz, preservada en versos, como mariposas en tarros de cristal.

Queremos agradecer a todos nuestros familiares y a los muchos amigos que nos han animado a editar este libro y que tanto apreciaban a nuestra madre. Y sobre todo a Carlos Torres, de ExLibric, por su apoyo desde el primer momento y por su inestimable ayuda en todo el proceso de edición y publicación de esta obra.

Antonio, María Asunción y Fermín Vallecillo Moreno
Málaga, febrero de 2026

EL RELOJ

Viejo reloj de casa, escandaloso,
que con tus campanadas,
fuertes y estrepitosas,
siempre nos avisabas.

Has marcado las horas de todas nuestras vidas,
y estás triste, cansado,
porque en todo lo nuestro,
en todos los momentos,
nos has acompañado.

Quisiéramos que corrieras más aprisa,
cuando algo esperamos,
tu tictac lo sentimos despacio,
y casi te empujamos.

Otras veces quisiéramos pararte,
para que la felicidad que disfrutamos
no se parara nunca,
porque al seguir tu ritmo,
la olvidamos.

Y estás roto, y nunca a la hora justa
nos das las campanadas;
tú te adelantas y te atrasas,
sin consultar a nadie para nada.

Yo sé que estás gastado, que estás viejo,
que te sientes cansado,
pero mientras yo viva,
que sienta tu tictac acompasado.

Y si quieres pararte si yo muero,
como nadie te sabrá sonreír como yo
al pasar a tu lado,
en este mismo instante que yo falte,
di muy fuerte que tú también has terminado.

EL CURA

El cura de mi parroquia
todavía tiene sotana,
será una muestra que queda
de aquella gloria pasada.

Pero a mí me gusta verlo
y me asomo cuando pasa;
es el cura de la iglesia
que está muy cerca de casa.

Es amigo de mi gente,
puedes pedirle consejo;
siempre te aconseja bien,
te habla como un libro abierto.

Su misa por la mañana,
su rosario por la tarde,
así ha pasado la vida,
sin hacerle daño a nadie.

Nos habla en sus homilías
de cosas del Evangelio,
nunca se mete en política,
ni en hablar de gatuperios.

Le tengo mucho respeto.
Si algún día te lo encuentras
paseando por la alcazaba,
salúdalo con orgullo,
que es un cura de sotana.

EL ESPEJO

Espejo señorial,
espejito dorado,
desde que yo he existido,
a mi lado has estado.

Siempre oí decir a mi madre
que fuiste de su abuela,
pero ni a lo mejor ella
fue su dueña primera.

Has sido desde siempre
compañero y amigo.
¡Cuántas veces en tu luna yo al verme
he charlado contigo!

Cuando pequeña,
si alguien me regañaba,
o yo me sentía triste
por algo que pasaba.

Subía a aquel trastero
que te tenían guardado,
y contándote todo
me sentía consolado.

Después, cuando crecí,
me seguía mirando en tu luna de cristal,
y pasaba las horas a tu lado,
viéndome por delante y detrás.

Y si no me devolvías una imagen
como yo la quería,
te volvía de cara a la pared,
y así me divertía.

Cuando las cosas antiguas se llevaron,
junto a una alfombra
al portal te bajaron.

Y te pusieron junto a la escalera
para que así, al pasar por tu lado,
todo el mundo te viera.

Yo sé que te sentías importante,
aunque a mí, con tu polvo y telarañas,
me gustabas más antes.

Mirabas todo,
el que subía y bajaba,
¿cuántas cosas veías
que yo no adivinaba?

Ahora recuerdo el día que me casaba,
al pasar con mi traje tan bonito,
y verme en tu luna reflejada,
me hiciste el regalo más precioso,
me sentí ilusionada.

Eso era al verme siendo feúcha, tan bonita,
lo que tú me habías regalado,
te sentías en deuda
por tantas veces como te había limpiado.

Después me fui muy lejos,
y conmigo viniste;
yo quería seguir viéndome en ti,
y tú también quisiste.

En aquella mudanza decían que estabas viejo,
que te romperías;
a pesar de todos aquellos augurios pesimistas,
subsistes todavía.

¿Qué saben ellos
de lo que tú y yo podemos resistir?
Nos costará trabajo tenernos que morir.

Así que, pese a todo,
llegaste con ventura,
y aquí estás, en mi casa,
con tu marco y tu luna.

Han pasado los años,
y yo sigo mirándome al espejo.
¿Recuerdas cuántas veces
te he pedido consejo?

Ya no me veo yo sola,
al pasar con mis hijos por tu lado
y ver a ellos contigo reflejado.
Me alegra que vinieras,
¿verán ellos en ti lo que su madre viera?

Cuando sola me quedo y subo a verte,
y me devuelves mi imagen tan cambiada,
cansada, arrugadita.

Levanto la cabeza con presteza
para darte la vuelta,
pero pesas, y tengo que dejarte,
ya no puedo darte la vuelta igual que antes.

Nos queda nuestro orgullo,
que no se entere nadie
que estamos tan cansados,
ese es nuestro secreto, espejito dorado.

LA MUERTE

Cuando llegue mi final,
cosa que a todos nos llega,
no quiero que eso os parezca
algo que suponga pena.

Quiero que ese cambiar todo,
que ese tránsito imponente,
no tengáis que recordarlo
con el horror de la muerte.

Que tal como yo he vivido
con una vida sencilla,
vuelva a ser lo que antes era,
un pedacito de arcilla.

Reflexión

Si algún día pierdo la alegría
que tú me has dado,
si me siento sin la ilusión que tengo,
si no se entusiasman los que amo,
si no puedo contagiarles mi contento…

no quiero estar con vida,
aunque la tenga;
si me falta todo eso,
es que me he muerto.

A UN PERRO

Qué pena es no tenerte,
es triste hasta perder un perro
por la dichosa muerte.

Ya sé que a mí casi no me conocías,
estoy siempre tan lejos,
que nunca me veías.

Pero ¿sabes? Te tenía simpatía.
Cuando yo iba a tu casa,
en lugar de ladrarme, la cola me movías.

Y cuando me contaban cómo eras
y el genio que tenías,
como yo tengo a veces malas pulgas,
también te comprendía.

Te quería porque nunca engañabas,
al que no te gustaba le mordías,
y, en cambio, si le amabas,
las manos le lamías.

Supongo que dentro de la casa
sentirán tu vacío;
al no escuchar esos ladridos tuyos,
habrá un silencio frío.

Ahora estarás debajo de algún árbol,
en la huerta,
de aquel que tantas veces te han atado,
de la oliva,
descansando todo lo que fue
tu juguetona vida.

Así que yo quiero decirte todo esto,
para que sepas que te admiro:
en la lealtad y en ese genio tuyo,
yo me identifiqué siempre contigo.

¿Sabes?
A mucha gente tengo ganas de morder
por antipáticos,
porque me han hecho una mala pasada,
y si fuera una perra como tú,
les daría también una buena dentellada.

LA GUERRA

Y llegó la guerra
que todos temíamos,
no la guerra santa,
la guerra entre hermanos.

La tierra regada
con sangre inocente,
el mar con petróleo
con llamas ardientes.

Casas derruidas,
gentes desgraciadas,
madres sin sus hijos,
almas desgarradas.

Tanto dirigente,
inútil tarea,
intentando paz,
se queda en pelea.

Ciudades enteras
que caen arrasadas
—y te hacen creer
que no pasa nada—.

Paz al mundo, Dios,
esto es muy terrible,
con tu gran poder
la paz es posible.

El viaje

Aunque nunca he viajado en avión,
entre otras cosas, porque me mareaba,
al ver a una azafata,
siempre yo la envidiaba.

Porque yo, como ella,
quería llevar a los míos a buen puerto,
y comparaba ese viaje de un segundo
como este que hacemos por el mundo.

En esa travesía,
no podía faltar a nadie la alegría,
y yo multiplicaba mis desvelos,
siempre llena de celos.

Trabajaba sin descanso,
sin ser copiloto o capitán,
mi nave se movía con gran seguridad.

Con mucho sacrificio y algún tino,
superé muchas dificultades del camino,
si les quito tantas preocupaciones,
si en algunos momentos soy su consejera.

Aunque no pertenezca a ninguna compañía, me siento una azafata de primera.

MIRA

Vamos, deja de mirar a ese hombre,
que es casado,
retírate muy deprisa
cuando pases por su lado.

Solo al verle su cintillo,
no puedes mirarlo así,
que puedes herir a alguien
y puedes hacer sufrir.

Con tus gestos, ¿qué insinúas,
mirándolo de ese modo?,
¡si te lleva tantos años
que está de vuelta de todo…!

Elige otro de pareja,
no estropees su bienestar;
si llegaras a tenerlo,
a la larga sería un mal.

Te gusta de él su dinero,
su experiencia de mayor,
y a lo mejor si lo intentas,
lo enganchas en tu mantón.

Lo tendrías algunos días
envuelto en tus arrumacos,
pero tus zalamerías
solo durarían un rato.

Deja de acercarte a él,
que te doy un buen consejo,
que ese hombre es solo mío,
aunque los dos seamos viejos.

Que yo sería muy capaz,
si veo que te lo llevabas,
de hacerte cualquier disparate
porque no me lo quitaras.

Mira que te estoy mirando,
mira que lo quiero mucho,
mira que es solo mi hombre,
aunque a ti te guste mucho.

Mira que hace muchos años
que él me quiere, y yo lo amo,
y aunque tú lo mires mucho,
no lo apartas de mi lado.

Vete a otro lado a engañar,
suenas a falsa moneda,
que este hombre es muy cabal
y con su mujer se queda.

SOLEDAD

Soledad, me das miedo,
no quiero conocerte,
me gusta sentirme acompañada
y repartir lo que tengo con la gente.

Me asusta la soledad del alma,
me asusta la soledad del cuerpo,
me asustan todas esas soledades,
que me parecen un algo sin vida,
un algo muerto.

Quiero sentir que vivo,
quiero vibrar,
sentir todas esas emociones diferentes,
soledad, no quiero nunca,
nunca poder verte.

A UN PIANO

Piano querido,
con mi mano arrugada,
yo te saco sonido.

No, no estás afinado,
pero me siento y toco,
yo tampoco me siento
como antes he estado.

Aquellas melodías
nunca las toqué bien, tú bien lo sabes;
con todo me atrevía,
estaba loca y llena de osadía.

Guardo todas las partituras que tocaba,
molesto si las toco,
estás desafinado,
y yo, al tocar tus notas, me equivoco.

Todavía, si me levanto alegre de mañana,
cuando te limpio el polvo,
toco las sevillanas.

Y sabes que me alegra tu sonido,
como si aquellos tiempos que pasaron
nunca se hubieran ido.

A LA LUNA

Cuántas veces te he mirado pensando
que vigilas como un centinela,
y que ves más que cualquiera,
por mucho que viera.

Que, de noche,
has acompañado a muchas parejas
que amor se han jurado,
y después, es posible,
todo se ha pasado.

Que has vivido momentos terribles
en noches sombrías,
cuando se mataban los hombres
por banalidades,
y tú los veías.

Que sabes de muchos secretos
que nadie se entera;
si pudieras hablar,
¡cómo escucharía lo que tú dijeras!

Que sabes de guerras,
de emboscadas y de pesadillas,
y sabiendo todo lo que sabes,
nadie dijo nunca que fueras cotilla.

Que muchas muchachas,
al perder con un hombre
lo que antes tuvieron,
solo tú escuchaste lo que se dijeron.

Y al abandonarlas, te miran con rabia,
si en aquellos momentos pasados
hubieran podido ser…
mucho más sabias.

Si detrás de aquellos matorrales,
que solo tu imagen veían,
les hubieras guiñado tus ojos,
tu aviso sería.

Pero te callaste, volviste tu cara,
y se quedó todo más negro que antes estaba,
apenas veían,
y ahora nadie cree que amor se tenían.

Que aunque ahora aquel hombre
pasee a su lado, una dama bella,
antes, mucho antes,
ella fue su dueña.

Y que las primicias de aquel amor suyo,
entre matorrales y entre la espesura,
nunca dejará de ser para ellos
una cosa pura.

Verdad tú que viste
todo lo que se querían;
si pudieras hablar,
¿qué es lo que dirías?

ORACIÓN

Me has dado, Señor,
un corazón tan loco, tan dispar,
que por mucho que yo quiera intentarlo,
no lo siento como los demás.

Y te agradezco mucho que así fuera,
que al ver como son los demás,
lo bien que sienta
ser de otra manera.

Así, como me has hecho Tú,
con mis defectos y los fallos que tengo,
es como quiero ser,
como un niño pequeño.

Solo te pido que este loco corazón,
aunque esté lleno de muchos desengaños,
me lo colmes de amor.

A UNA PITONISA

Adivina, mujer sabia,
pilla y, a la vez, prudente,
que con tu bola y tus cartas
engañas a mucha gente.

Siempre me ha gustado a mí
sentir esa sensación de poder adivinar,
en un momento tan solo,
lo que te pueda pasar.

Y eso que siento gran miedo,
que cuando me leas la mano,
entre las cosas que veas,
te encuentres con algo malo.

¡Qué don tan preciado tienes!
Es fabulosa tu ciencia,
poder saber tantas cosas
con esa clarividencia.

Gente tan distinta
que te busca ufana,
para que le expliques
qué será el mañana.

Y unas veces cobras,
y otras las regalas,
como si tu ciencia
no valiera nada.

Yo miro tu bola,
quiero saber más,
pero solo veo esas arruguitas
que tiene el cristal.

CONTRATIEMPO

Destino, ¿cuántas veces tus experiencias amargas
me han balbuceado?
Yo he clavado mis pies en la arena,
y firme he aguantado.

He aguantado creyendo con fe en un amigo,
y en la primera cosa
que me eché en sus brazos,
me sentí perdido.

He sentido tus garras mil veces,
por cosas que pasan
sin que tú las pienses.

Y tan débil que yo me creía,
y tan poca cosa,
resistí todos sus empujones,
tus sañas morbosas.

Todo se ha arreglado,
se llegó a la orilla,
se cruzó aquel vado;
el tiempo es muy largo,
todo está olvidado.

No creas que fue fácil.
Con mucho trabajo, salimos afuera;
estas experiencias, aunque sean amargas,
dejan cosas buenas.

Todos cooperasteis,
tengo una familia que fue muy valiente,
me siento orgullosa
de que seáis mi gente.

QUERELES

Amor, ¿no me recuerdas?
Despierta, no te quedes dormido;
siempre que me faltaste,
te he llamado muy fuerte,
y tú me has oído.

No concibo vivir sin tenerte,
aunque seas traidor y malvado;
aunque se sienta renacer con tus goces,
¿cuántas veces también has matado?

Deja que te sienta
como antes te he estado sintiendo;
si vivo sin ti, no podré resistir
lo que estoy resistiendo.

Temporadas que a veces te ibas y no te sentía,
todo parecía más malo, más duro;
te llamaba con voces potentes
y tú respondías.

Y a tu vuelta, florecían el tomillo y la rosa;
todo a tu regreso, aunque fuera feo,
parecía otra cosa.

No me dejes, tú sabes que ciegas,
si hay amor,
esa mágica frase,
que todo lo pone como una quimera.

Amárrate fuerte,
por Dios, no te vayas,
he vivido sin ti algunas veces
y toda mi vida era una batalla.

Deja que derroche este amor
que siempre rebosa mi pecho;
si no se gastara,
no cabría dentro.

Y aunque nadie me devuelva su amor
con la misma medida,
que yo no me entere, que yo no lo sepa,
y será más bonita la vida.

PENSAMIENTOS

En los años vividos de experiencias,
más de ilusiones rotas que de dichas,
he dado la razón al sabio aquel
que dijo que hay más lágrimas que risas.

He aprendido con todas esas cosas
a tener un concepto diferente
de la vida que pasa
y de la temida muerte.

Y después de estos amargos desengaños,
que casi todos, un día u otro, te han devuelto,
yo he aprendido a desprenderme de las cosas
que pueden terminar en un momento.

A MI PIANO QUERIDO

Qué ingratitud…
Te vendí, te cambié por otro nuevo,
sin pensar que en ti he estudiado,
que machaqué tu teclado
y te puse así de viejo.

Tu sitio ha sido ocupado
por otro nuevo, bonito,
que toca de maravilla,
que el sonido es un encanto,
pero ¡yo te quería tanto!

Si ahora al tocar me equivoco,
como casi siempre pasa,
aunque yo intente arreglarlo,
se notan todas mis faltas.

Antes te echaba las culpas,
como estabas tan cansado,
mis errores disculpaba,
diciendo tranquilamente
que estabas desafinado.

Y cargabas con mis culpas,
yo quedaba así de bien…
Este cretino de ahora,
si cambio un re, por un do,
se nota muy claramente
que me he equivocado yo.

Bueno, que te echo de menos,
que nadie te tocará,
que estarás para adornar
algún salón rutinario.

Pero si algún día te encuentro
y te toco como antaño,
notarás mis sentimientos
y notarás mi emoción.
Sabes que mi corazón
se siente muy solitario.

Yo me quería disculpar
diciendo que estabas viejo,
que tus cuerdas se aflojaban,
que estabas desafinado y te tiré de mi lado,
como a cualquier chisme viejo.

Si un objeto inanimado
lo sientes a ti adherido,
si hubiera tenido alma,
¿cuánto te hubiera querido?

El colegio

Recuerdo como un sueño
los años del colegio.
Es todo tan lejano,
que no sé cómo ahora,
después de tantos años,
puedo verlo tan claro.

Cuando tenía nueve años,
a un internado fui;
era yo tan caprichosa,
que a educarme llegué allí.

Pasé muchos malos ratos
hasta acostumbrarme a él,
aunque creo ahora que soy vieja,
que no supe que lo amé.

La prueba está en que al recuerdo
del tiempo que estuve en él,
solo recuerdo lo bueno,
lo malo allí lo dejé.

Las largas horas de estudio,
el estar lejos de casa,
el regañar de las monjas
por cosas que siempre pasan.

La comida insoportable,
los recreos muy cortillos,
¿y el miedo que tú pasabas
al recorrer el pasillo?

Yo me eduqué en las Esclavas,
y a ser esclava aprendí,
servir un poco aquí abajo
y después reinar allí.

Eso allí me lo enseñaron,
no aprendí tan solo historia,
gramática o geografía;
aprendí otras muchas cosas
que después me servirían.

Aprendí a dejar mi orgullo,
a compartir lo que es mío,
a saber callar a tiempo,
en suma, a saber estar.

Quien a mí me hizo mujer,
¡cómo lo podré olvidar!

Al pasar ahora los años,
estoy muy bien educada,
a lo antiguo, tengo genio,
porque eso nos lo dejaban.

En toda la geografía,
de esos colegios no hay dos,
con capellán, internado,
dormitorio para dos.

Allí madrugabas mucho,
tenía misa, desayuno,
largas horas de enseñanza
mezcladas con añoranza.

Y tenías a Dios tan cerca,
que con alargar la mano
le podías contar tus cosas
y tenerlo como hermano.

Así que, cuando salías
y a la vida te enfrentabas,
contabas con un amigo
que nunca te defraudaba.

Y te encuentras preparada
cuando emprendes cualquier cosa,
te da eso tanto valor
que recuerdas el colegio
como tu tiempo mejor.

LOS TOROS

Esta fiesta tan brava,
que a mí como española me apasiona
y no me gusta nada.

Sí que me gustaría,
si al terminar esa faena larga,
ese toro que lidia
viviera todavía.

Yo encuentro un mérito terrible
a esos hombres valientes,
que delante de un toro de Miura
torean tranquilamente.

Y vibro, y sufro, y grito,
cuando me gusta un muletazo,
o hay un quite bonito.

O tiran al redondel
un sombrero de ala ancha,
o ese toro jareño, en su bravura,
puede herir al torero y no lo engancha.

Sin embargo, en el campo,
el mayoral, solo entre muchas jaras,
se va al toro a buscar.

Si lo hiere, ¿quién lo sabe?
Si vence, ¿quién se enteró?
Aunque con su puya en alto
a ningún toro él hirió.

Por eso, si veo una dehesa
con toros y mayorales,
los comparo a los toreros
y me parecen iguales.

Solo hay una diferencia,
injusta la creo yo:
que el torero tiene gloria
y él nunca la conoció.

LA VENTANA

Me siento a leer, o a coser en la ventana,
y pasa tanta gente por la calle,
que me distraigo
y no hago casi nada.

Corren niños contentos,
que vuelven a sus casas,
que salen del colegio,
cargados con sus carteras,
con sus deberes dentro.

Pasan coches, autobuses y motos,
y todo ese burdel
que va de un sitio a otro.

Parejas que se besan,
llenas de sueños locos,
de bellas ilusiones,
que luego, ay, tiempo ingrato,
hará desilusiones.

Muchachitas que pasan,
que tienen mucha prisa,
muy cerca hay una iglesia,
¿habrán tocado a misa?

Viejos que van despacio,
aprovechando el sol,
salen a pasear;
ellos no tienen prisa,
¡corrieron tanto ya…!

Monjas con sus rosarios,
nunca sé si son viejas
o tienen pocos años.

Y yo me quedo quieta,
leyendo el libro aquel.
¡Pero si no leo nada
y lo empecé anteayer!

El viejo

Hay un viejecillo
que todos los días
se para en mi puerta,
pasa un día alegre
y otro con tristeza.

Es viejo, muy viejo,
con su barba blanca
y su gran contento.
Tan pobre, tan sucio y tan harapiento,
¿no te hace pensar
por qué está contento?

Nadie por su lado
se pasa de largo sin darle sustento;
me da mucha pena, al verlo tan solo,
siempre que lo encuentro.

Desde que lo veo,
yo valoro mucho todo lo que tengo:
mi madre, mis hijos, un marido bueno,
y todo resuelto.

Pues con tantas cosas,
por cualquier cosita
triste yo me siento,
cuando veo al viejo pasar arrastrando
sus pies polvorientos.

Te rezo en silencio
para darte gracias por lo que me diste
y, al igual que él,
sentirme contento.

A UNA MONJA

Querida, muy querida madre Susana,
qué triste me he sentido
al ver que te marchabas.

He subido al colegio
a darte ese último adiós
con que nos despedimos en la vida.

Qué desconsolador
era pensar
que todo se acababa,
que te ibas.

Junto a esa caja pequeñita,
que todo lo que eras tú
estaba guardado.

Me he sentido muy sola,
me he sentido muy triste,
y he llorado.

Te has ido en silencio,
sencillamente, como ha sido tu vida;
pesabas tan poquito,
que así ha sido de fácil la subida.

Aquí abajo se queda tu recuerdo,
tu querido recuerdo, tu virtud,
esas cosas que no pueden borrarse,
según decías tú.

Allí, en aquella misa tan bonita,
estábamos tu familia, tus amigos,
todos los que querías;
si hubiéramos podido ver tu cara,
sé que sonreías.

El río

Cuando me siento en tu orilla
y miro hacia tu corriente,
tan sin parar, tan deprisa,
te miro casi sin verte.

Tú nunca vuelves atrás,
no puedes equivocarte,
nunca puedes repetir
por donde has pasado antes.

Tienes que ser tan perfecto
al pasar por cualquier sitio,
que nadie perdonaría
que tuvieras algún vicio.

Y van creciendo a tu paso
verdes huertas, bellos prados,
y nadie, al ver su esplendor,
se acuerda que tú has regado.

Y vas siguiendo tu ruta
pasando por tantos lados,
que cuando llegues al mar,
te sentirás muy cansado.

Yo quiero seguir tu ejemplo:
a mi lado crece un hijo
y a tu vera nace un huerto.

Y tengo que ser así,
tan perfecto, tan perfecto,
que ese hijo que yo quiero
no me vea ningún defecto.

Epílogo

Este libro es un abrazo.

En casa, las fotografías que no cabían en los álbumes se guardaban en una caja de metal de Cola Cao roja con flores blancas que aún se conserva en el trastero.

Me gusta de vez en cuando echar un ojo a esas fotos que, sin motivo, fueron apartadas del primer plano y, entre ellas, hay una que rescaté. En esta aparece mi madre sentada, con mi hermano pequeño, bebé, en su regazo, y a ambos lados, mi hermano mayor y yo. Por mucho que la miro no encuentro explicación de cómo puede estirar sus brazos y sujetarnos a los tres, y ello sin que parezca nada forzado, sino con mucha delicadeza y amor, y transmitiendo una seguridad y paz que se refleja en nuestras caras.

Creo que con la aventura de la publicación de este libro, ideada por el menor de los hermanos y seguida, de manera incuestionable, por los otros niños de la foto, estamos sintiendo ese abrazo que seguimos necesitando para sentir que su memoria sigue viva y para aprender a abrazar a las nuevas generaciones.

Quien se haya acercado a leer estos retazos de la vida de Asunción, estoy segura de que habrá sentido el consuelo de un abrazo y los deseos de acercarse a sus propios recuerdos y raíces que, sin duda, han alimentado a las personas que hoy somos.

María Asunción